특별한 선물

이서현 시집

시와사람

이서현 시집

특별한 선물

2025년 4월 25일 인쇄
2025년 4월 30일 발행

지은이 | 이 서 현
펴낸이 | 강 경 호
발행처 | 도서출판 시와사람
등 록 | 1994년 6월 10일 제 05-01-0155호
주 소 | 광주시 동구 양림로119번길 21-1(학동)
전 화 | (062)224-5319
E-mail | jcapoet@hanmail.net

ISBN 978-89-5665-762-2 03810

값 15,000원

· 잘못된 책은 구입하신 서점에서 바꾸어 드립니다.

공급처 ■ 한국출판협동조합
경기도 파주시 적성면 적성산단3로 10 (적성일반산업단지 내)
주문전화 (02)716-5616, 070-7119-1740

특별한 선물

ⓒ 이서현, 2025
이 책의 저작권은 저자에게 있습니다.
저작권에 의해 보호를 받는 저작물이므로
저자의 허락 없이 무단 전재와 복제를 금합니다.

작가의 말

처음으로 세상에 선보일 시집,
그 두근거림과 설레는 마음이 너무 좋습니다.

이 작은 시집 속에는 계절을 지나며 움튼 감정들과
순간순간 머물렀던 빛과 그림자가 담겨 있습니다.

어느 날은 햇살처럼 따스했던
어느 날은 바람처럼 쓸쓸했던 마음들이
시가 되어 한 송이 한 송이 피어났습니다.

늘 내 안에 흐르는 강물과 같은 시.
때로는 잔잔하게 때로는 격렬하게 흘러가며
나를 채우고 비우는 시간 속에서 탄생한 시들입니다.

초록이 움트는 봄날,
저의 시집 출간을 위해
애써 준 가족과 박덕은 지도 교수님과
방그레 문학회 문우님들께 감사드립니다.

소중한 시간 내어 제 시집을 펼쳐 주실 모든 분께도
깊이 감사드립니다.

2025년 봄에, 저자 이서현

축시 ─────────────────────

이서현 시인

박덕은

흰빛은 고요와 상처의 내력이라는
산머리에 앉은 백조 한 마리
물안개와 대화 나누다 햇귀 만났다

파닥이는 생의 곡선이 중심 잡으며
드넓은 창공 날아올라
아아라히 뻗어 있는
시심을 읽어 나갔다

슬픔과 우울의 배후가 엿보이는
비바람이 불 때는
처마 밑에서 숨결 움켜쥐며
꿈의 깃털 고르고

오전과 오후의 입술이 맞닿는
정오쯤 산모롱이에 걸터앉은
무지개 다리 잡고

열띤 토론 펼치다가

다정과 온기의 각도가 반듯한
격자무늬 포개진 열정의 호수에
잠시 몸 담궈 유영한 뒤

사유의 축이 서정적으로 기우는
해 질 녘엔 큰 나래 펄럭이며
가장 낮은 비행을 하며
끓는 피의 속삭임 일구다가

지상의 몸이 캄캄하게 닫히면
어스름 타고 밀려드는
감성들을 돌확에 모아
소롯이 시꽃 피워내고 있다

심장에서 흘러나온 안부와 안녕으로
밤새 돋우던 연민의 노래
샛별 따라 고즈넉이 걸터앉으면
잔잔히 잦아들어 숨 조이다

침묵과 적막과 어둠 넘나들며
여명의 가장자리에서 솟구친
깨달음 방울 우우우 밀려와
다소곳한 꽃송이 피우고 있다.

특별한 선물 / 차례

작가의 말 ·9
축시/ 박덕은 ·10

제1부

꽃무릇 ·20
계곡 ·22
화순 고인돌 공원 ·25
가을이 오는 소리 ·28
낙화암 ·31
녹차밭 ·34
모내기 ·36
봄날의 향연 ·38
봄비 내리는 아침 ·41
비 멈춘 숲 ·44
비 내리는 새벽 ·48
특별한 선물 ·51

숲의자 ·54
삶 ·56
숲바람 ·58
흙길 걷다 ·60

제2부

아침 산책·1 ·64
아침 산책·2 ·66
죽순 ·68
가을 위를 걷다 ·71
호수 ·74
고백 ·76
바다 ·79
록키산맥 ·82
나이아가라 폭포에서 ·85
흙의 신부 ·88
노을녘에 ·90

향수 ·92
별들이 모인 제주도 ·94
동해 ·97
어느 가을날 ·100
감사 ·102
친구 ·105

제3부

최고의 기도 ·110
산사의 울림 ·113
정자 위에서 ·116
어느 추운 겨울날에 ·119
눈 오는 날 ·122
5·18 광장 바라보며 ·124
입춘 ·126
별 하나 ·129
메아리·1 ·132

메아리·2 ·134
전투 ·136
산다는 건 ·139
군고구마 ·142
솔잎차 ·144
초록의 힘 ·147
미소 ·150

제4부

대접의 의미 ·154
마음 ·157
조마루 ·160
향긋한 아침 ·162
행복한 수선화 ·164
매화 ·166
무등산 ·168
밤 벚꽃 ·170

비에 젖은 벚꽃 ·172
새해 ·175
세월아 ·178
일출 ·180
장독대 ·182
천사대교 ·184
추억의 가을산 ·186
행복한 겨울 ·188

평설/ 박덕은 ·191

특별한 선물

제1부

해와 달의 둥글고 발랄한 예언 같은
하얀 포말 위에 잠자리 날고
더위 식어 갈 때
숲은 춤춘다.

꽃무릇

뜨겁고 캄캄한 여름 건너와
외발로 선 인연이
기다리고 기다리다
붉게 물든 그리움

전생과 후생의 연분까지
뭉게뭉게 떠다니는 공중의 방식으로

맞닿아 있다는 구름은
악착의 계절을 내려놓아야 한다며
흘러간다

지상의 처음이자 마지막 떨림 안고
구월의 심장으로 불태운 사랑
아직도 가슴 설렌다

타오르는 시간의 앞면 같은
태양을 섬기기에
흰 뒤꿈치 들고 살랑살랑 지나간다는
바람에게
님의 얼굴도
환영幻影으로 달아오른 밤의 절망을
뛰어넘어
맹목의 들뜸으로 붉어졌는지
물어보고 싶다.

계곡

말간 멍이 드는지도 모르고
콸콸거리는 물의 손바닥으로
제 몸을 내려치는
물소리 등에 업고
매미 울음 귀에 앉혀
살랑대는 바람이
여름 품는다

불안이 내일의 풍경 집어삼켜도
초록의 은유가 자란다는
산과 산의 정기 모아
막힘 없이 흐르다
하늘과 맞닿은 곳

낮과 밤의 말씀이 머문다는
높고 맑은 푸른 하늘엔
수많은 사연들이
뭉게구름 되어 <u>흐르고</u>

싱싱한 땡볕의 레시피대로
뜨겁게 달궈진 돌에
부딪히며 모인 개울은
심신 녹여 준다

밑바닥부터 수면까지 몽땅 깔린다는
물의 엉덩이를 방석 삼아
앉아 있는 낭만에게

들려주는 새들의
노랫소리

해와 달의 둥글고 발랄한 예언 같은
하얀 포말 위에 잠자리 날고
더위 식어 갈 때
숲은 춤춘다.

화순 고인돌 공원

조문하기 위해 먼 길 달려온 바람이
아직도 시간에 배어든 울음 닦아내는
선사시대의 무덤
흙 되어 흔적만 남아 있어도

생과 사의 팽팽한 경계
증언하고 싶은
돌의 수의壽衣 입고

한 번 섬긴 주인
역사의 길로
길이 길이 보전해 온
우직함의 힘

이승의 먼 기억이 은밀하게 살아있는
낮과 밤 껴입으며
수천 년 눈보라 휘날리고
비바람 몰아치는
고난 이겨내고

적막과 어둠이 범람해도
긍정과 희망의 자세 대물림한
후손들의 정성 어린 역사관에
유네스코 등재 쾌거 이뤄
명예의 전당 됐다

몽유와 악착의 해 질 녘을 걸어 나온
어느 골짜기 돌무덤이

세계유산 될 거라
그 시절 그 누가 생각이나 했을까
세월 지났지만 영혼들
이 풍진 세상 누리고 있다.

가을이 오는 소리

이글거리는 정오 퍼 나르는 팔월을
숨가쁘게 출렁이며 건너온
어제 뒤로하고
청아함
뚝뚝 떨어질 것 같은
속삭임
창문 넘어온다

은밀한 눈빛이
구월의 낮과 밤을 주고받으며
낯빛 발그레하게 환해지자
사그락 사그락
노랗고 붉어져 가는
연정과 소문으로 들썩이는
들판의 심장 소리

기다림과 그리움 물어 나르는 소리로
아침과 저녁을 오고간다는
귀또리 한 마리

창가에 폴짝거릴 때

초록의 끝마디 바빠진 울림은
뜨거움에 몸부림치던
지난 시간을
서로에게 다가가는 맹목의 계절로
서서히 물들여 가고 있다.

낙화암

부서진 어제의 말발굽 소리 밀려들고
명분 잃은 저녁의 강은 짓밟혀
몰락한 백제의 삼천궁녀
몸을 던졌다는

낙화암

슬픔과 눈물의 연대기,
그 부재와 궁핍의 계절 속에서도
한 주인만 섬기겠다는 절개로
그 육신 벗어던지고
영혼만 훨훨 길 떠났다

입술에 끈적이며 달라붙는
이승의 울음 뒤로하고
함께 가는 그 길
외롭지는 않았겠지
떨리는 심장 던져놓고
무섭지는 않았을까

망설이는 햇살도
주저앉은 오후도 없었다는
전설 같은 이야기
꽃다운 나이에 낙화 되어

별 되어 버리다니

유구한 역사의 배 타고
노을과 구름의 주소지인
백마강 돌고 돌며
고란사의 종소리와 함께
천년의 침묵 펼쳐 향기롭다는
연꽃으로 다시 피어날까.

녹차밭

한 자세로 눈뜨고 잠드는
초록의 행과 열마다
녹음 흐르는 곳
아침 이슬 고요히 흐르는 곳

볕이 옷섶을 풀어놓는다는
양달의 아랫목처럼

햇살 가득 안고 방긋 흐르는 곳
푸른 하늘 쳐다보며 크게 웃으며 흐르는 곳

풋내 가지런한 봄의 이마 짚으며
별빛 머금고 은은히 흐르는 곳
달빛 안고 고요히 흐르는 곳

몇 겹의 생이 서러운 중심 같아
애달픈 사연 안고 조심스레 흐르는 곳
진한 녹차 향 살며시 흐르는 곳

알록달록 속삭이는 곡선의 바람이
춘설의 혹독함 이겨내고 만세 부르며 흐르는 곳
내 마음 모두 담아 이랑 이랑 흐르는 곳
그리움 안고 터벅 터벅 흐르는 곳.

모내기

햇살과 봄날의 다정으로
오월의 첫 장 써 내려가는
모판에 빼곡히 줄지어 서 있는
어린 모

목숨과 희망과 밥을 낳는다는 흙의 자궁,
그 깊은 터널로 들어가
서로 붙잡고 있던 뿌리
찢겨지며 바닥에 내리꽂힌다

산다는 것은 결코 만만하지 않기에
온몸에 흙탕물 뒤집어쓰고
잠시 혼절했다가
달빛 차오르는 소리와
환하게 몸을 터는 봄날과
찰랑대는 물에 금세 깨어나
지나가는 바람에 살랑거린다

공중에 연둣빛 글자 빼곡히 쓰는
연필 심처럼 뾰족이 올라온
녹음의 손은
책장 넘기는 낮과 밤의 소리 들으며
누렇게 한 권의 책이 익어가는
가을까지 그려질
아름다운 사색에 잠긴다.

봄날의 향연

공중으로 비상하는 운명에
청춘과 목숨을 건
벌나비 사랑으로
곳곳에 뿌린 씨앗

좋은 날 아침
세상에 피어났다

겹겹이 쌓인 적막과 잠 벗은
나무에서 화려하게
봄의 문틈으로 경칩 물고 나온
땅에서 청초하게
새소리와 바람과 몸 섞은
연초록 무대에
상춘객들이 붐빈다

입담 좋은 꽃과
화사함의 화풍으로
수채화 그려져
생기 가득한 아름다움
멀리 보나 가까이 보나
눈부신 그 자태

봄볕을 옮기느라 입꼬리가 올라간

계절의 속엣말에 귀기울이다 보면
하루 종일 보고 있어도
더 보고 싶은 정경
님의 향기에 취해
해 가는 줄 모른다.

봄비 내리는 아침

후드득 후드득 생각을 펼치는
물의 표정과 말투가
좁쌀만 한 빗방울
토닥토닥 내리는 아침
하루를 여행하기 위해
달린다

뿌리부터 우듬지까지
한생의 기다림으로
갓 피어난 봄
촉촉이 젖어
보들보들한
손등 같다

봄날의 방식대로
있는 힘껏 그리움 켜둔
초록과 노랑
서로 깔맞춤하며
풀밭 위에 피어 있는 유채꽃
정돈된 풀섶에 붉게 올라온 철쭉
취향에 맞는 봄색 바르고 있는
산등성이 봉실봉실 연둣빛

무릎 웅크린 적막도
다시 일어나 환해질 수 있다며
때맞춰 뿌려 주는 보슬비에

행여 버거울까 봐 바람이 와서 도와준다
눈과 마음도 그곳에 두고 달린다.

비 멈춘 숲

정오의 바깥으로
소리와 얼굴 내밀며
시끌벅적하다
풀벌레 새 들
물소리 합주곡
무대에 한창이다

달달한 궁금과 안부로
촉촉이 젖은
생명 있는 모든 건
한줌의 생각과 즐거움 끌어올리는
환희에 흥얼거린다

흐르는 자세가 길이 된다는
물길 만들어 놓은
도랑물은 큰 바다에 가서
거사 치를 것처럼
힘차면서도 조용히 흐르고

바람의 말씀을 숭배한다는
태초 그대로인 또랑물
겨우 돌 위 넘으면서
쫄쫄 소리 내며
주위의 시선 모은다

작은 언덕 골짜기에선
겁 많은 물의 걸음들이
하얀 속치마 둘러쓰고
뛰어내려 부서지는
포말들

와글와글 물의 아우성으로 요란한
물가에 핀 나리꽃
님의 향기 맘껏 마시며
입 다물 줄 모르고

이곳에
발랄한 낯을 주머니에 넣고 다닌다는

해님 조용히 내려와
한쪽 다리 걸치고
숲의 노래 찬양한다.

비 내리는 새벽

허공도 때로는 따분한지
어제의 기억 끌어와
텅 빈 풍경 겨냥하며
번쩍
조명탄 쏘아
진동하는
울부짖음

아랑곳하지 않는
파수꾼
투명하고 가녀린 다리로
공중의 골목 어슬렁거리다가
후두둑 후두둑
고요 점령한다

달의 살을 야금야금 갉아먹는
잡식성의 먹구름 행패로
고단했던 지난밤의
허리끈 풀어놓고

드러누운 등에
전율이 흐른다

태초의 말씀 같은
저 음성
바닥을 들이받는 두려움도 없이
쭉쭉 내리꽂는 방식이
어둠과 정적 안고
밝히는 빛 찾는다

오랜 고민 끝에 만난
아름다운 추락,
그 그리움으로
타박타박 걸어가
젖고 젖은
여명과 마주한다.

특별한 선물

이런 저런 일로
누군가로부터
선물 받는다
마음의 안쪽에서 흘러나오는

따스한 표정,
그 칭찬도 받는다

불안한 좌표 숨기기 위해
가면과 가면으로 덧씌워진
타인으로부터
인정받는 순간
기분 좋고 우쭐하지만
시간 지나면
촛불처럼 타들어가 흔적만 남는다

안간힘이 한생을 끌고 오느라
아등바등 애썼기에
이제는 내가 나에게
선물을 주려 한다
타버려 없어질 선물 말고
새록새록 성장할 그런 선물

끈적이는 졸음 떼어내고

발랄하게 태양을 섬긴다는
아침마다
감사의 옷으로 갈아입고
끈기 있는 습관의 근육 키워
길가에 풀 한 포기까지도
감동케 하리

가볍고 향기롭게 다가온다는 전생과 후생,
그 스쳐가는 바람에도
인사 나누고
계절따라 피어나는 꽃들에게도
내 온정을 다 주리

봉인된 그리움과 안부 열고
다가가는 인연마다
편안한 얼굴로
바다처럼 큰 마음
열어 놓으리.

숲의자

새소리로 조망권 확보한
초록의 역세권에서
맑은 바람이랑
시원한 공기랑
여기에 있고 싶다
하루 종일

영구 입주권을 분양받은
나뭇잎과 이야기하고
임대료가 없어 삶의 질이 높다는

풀잎과 속삭이며
추억의 영상 되어
쉬고 싶다

풀벌레 소리 명랑하게 환할수록
높은 프리미엄 붙는다며
불어오는 바람이
나를 안아주고
여기가 지상의 명당자리라며
입소문 실어 나르는
지나가는 종달새가
위로해 주는
이 고즈넉한 자리에서.

삶

불안과 어둠에 본적本籍을 두고
발 묶여 날지 못한 날
어느 골짜기
옹달샘에서 세상을 만났다

두려움 없이 흰 발목 드러내고
졸졸졸 흐르는 아름다운 도전
그 옹달샘이 흐르는 곳을 따라가 보니
작은 개울이 나오고

흐르면서 흐름의 방향을 모색한다는
물의 의지처럼
냇물 따라가다 강을 만나고
배 띄워야 하는 바다를 만났다

난 물의 일대기가 웅장한
이 바다에서
뜨거운 고래의 숨으로 솟구치며
삶을 무역해 올 함선 띄우고

온몸에 차오르는 무지갯빛 이름
그 성공 위해 항해할
튼튼한 돛 힘차게 올린다.

숲바람

따분한 공중의 방에서
정착의 한 시절을 벗고
살랑 살랑 불어오는
상쾌함이
가슴속 횡단한다

풍랑과 갯내음과 고요 껴입은

바다에서
나무의 오랜 사유가
울울창창을 낳는다는
산 위로 사연 싣고 온 가락

초록의 살내음 밀려들면서
허공의 건반 두드리며
들려주는 그 소리
영혼 맑혀 주고

세상의 기슭에서 비탈만 걸은
차가운 마음 뎁혀 주는
포근한 이불

꼼지락거리는 양지의 손가락 같은
환한 햇살 안은 숲바람은
여인네 속치마.

흙길 걷다

주룩주룩 할 말이 많다는 듯
비 내려 질퍽한 황톳길

오르막과 내리막 사이에서도

궤도를 이탈해 본 적 없는
맨발로 걷는다
작은 떡볶이 같은
발가락 사이로
흙이 뽀록뽀록 올라온다

요즘 대세가 되어 버린
맨발 걷기
말랑거리는 땅의 생각이 쫄깃해
인절미 같은 황토 위는
젖가슴처럼 부드럽고
점자책처럼 꾹꾹 찍혀 있는
울퉁불퉁 돌 섞인 길
심장이 상큼하게 뛴다

죽은 사람도 소환하여
그리움의 화법으로 수정해
사랑의 첫자리와 말투 찍어내는
AI시대

흙 밟을 기회 없어
일부러 흙길 가야 하는
시대를 거꾸로 거슬러 가는
운동

땅 위에 집 짓고 사는 우리는
닿을 수 없는 속도에 떠밀린
저녁의 둘레길에서
지금 어디로 가고
무엇을 꿈꾸고 있을까.

제2부

달빛 밟고 건너는
외로움 하나 올리고
가을별 묻혀 오는
그리움 하나 올리고
그 위에 사랑 하나 올린다

아침 산책 · 1

적막에 파묻힌 산이
기지개 켜는 소리로 가득하면
연둣빛 초록이
조금은 짙어져
건강해 보인다

발목까지 차오른 어둠 벗고
탱글탱글 바람신발 신고 돌아다니며
노래를 틀고

길몽과 잠버릇과 잠꼬대가
제 영토를 확장해 나간다는
밤 잠에서 깨어난
숲이 활기를 띤다

새들을 풀어
공중의 빈자리 채우는
하늘 향해
곧게 서 있는
편백의 내음

그리움의 또 다른 이름인
향이 참 좋다
님의 체취처럼.

아침 산책 · 2

허공의 간격 촘촘하게 좁힌
물의 뒷굽들이 대지를 장악하며
살짝 뿌린 비에
산길 촉촉이 젖어드는
흙내음과 풀내음

초록의 근육들이 시리게 사라져도
억척같은 맑은 등뼈 세우며
길 안으로 뻗어 나온 풀잎
새벽 일찍 누군가

예초기로 정리한 것 같다

흘림체로 써 내려간 바람 불어와
식물성의 문장 오독해
풀잎이 잘린지도 모르고
그 위를 지나가는
수많은 발길들

복문複文으로 자라다가 꺾인
은유 가득한 속엣말
밟지 않으려고
꼰지발 들고 조심스레 지나간다
저 풀잎의 오늘은 어떤 날일까.

죽순

상냥하고 발랄한 봄의 내공으로
꽃바람 한 촉 밀어 올리며
사그락거리는 대숲에
세찬 비가
한바탕 내린 후
뾰족 뾰족 올라오는 순

달빛과 새소리와 적막 가득한
공중의 무게 견디기 위해
마디마디 두른 띠
견고함의 유전자라
큰소리 친다

울음과 불안으로 출렁인
전생의 기억 같은
딱딱한 껍질 벗겨내자
노란 속살 드러낸
꿋꿋한 의지

올곧게 사는 것을 펼친다는
뿌리의 말씀 끌어올리며
하늘 향해 쭉쭉 뻗어갈
기상은
변치 않는
사군자 중 하나.

가을 위를 걷다

결별에 대해 다급히 연습하는
계절의 무게 견디지 못해
나뭇잎 하나 비틀거리며
가슴 위로 툭 떨어져
나뒹군다

고독과 상실에 길들여진

불면의 밤을 재촉해
다른 곳에 있는
쓸쓸함까지
바람이 데리고 와

달빛 밟고 건너는
외로움 하나 올리고
가을볕 묻혀 오는
그리움 하나 올리고
그 위에 사랑 하나 올린다

서두르지 않아도
매일매일 익어가는 시간의 방향에서
가을의 하모니
가을의 소리
가을의 리듬
가을의 언어 들으며
가을 안고 춤춰 본다

붉은 속엣말 흘리는
나뭇잎 사이로
고개 내민 푸른 창공이
손뼉 친다.

호수

마음껏 푹 젖어들고 싶다
뭉게뭉게 구름 자국 흥건한
물의 둥근 지문이 잔잔하게 읽혀지고
수없이 젖은 저곳 쪽빛 중심에

수런거리는 봄의 발걸음
그 초록에서

적막한 겨울의 생각
그 백설까지
품고 또 품어도
다시 또 가슴 내미는 곳

수직으로 꽂히는 아픔이
가장자리에서 파문의 꽃으로 피어나
연민 풀어놓고
얽혀진 사랑 다 품고 가도록
윤슬로 응원해 주는 포근한 자리

바라볼수록
굽이치는 생의 굴곡에도
물의 심성은 맑아
정스럽고 사랑스러워
마음 자리 깔고 눕는다.

고백

활짝 핀 그리움으로 먹먹한
먼먼 상실의 뒤안길에서
높고 푸른 당신을
사랑합니다

보고픔이 깊어지면
일정량의 불운이 따르는 법인지
비록 만날 수 없는 인연이지만
화려하게 피었다 시들어 가는
상사화 당신을
사랑합니다

발그레한 연서 한 장 품고
만개한 봄날로 진입하는
초록의 옷에서
색동으로 갈아입은
채색의 당신을
사랑합니다

눈에 보이는
당신의 모든 것 다
사랑합니다

숨 가쁘게 달려온 한 시절을
애써 누르고
맑고 고운
당신 얼굴 보고 있으니
너무 좋아
나의 얼굴 만져 봅니다

짧은 개화처럼
웃음인 듯 울음인 듯 번져가는
내 얼굴도 당신에게
예쁜 모습으로 비춰지고 있는지
궁금해서.

바다

절반의 빛과 절반의 어둠으로 빚어낸
지구의 70프로가 바다라 한다
섬과 그리움과 안부 건네는
비행기를 타고 5시간이 지나도
보이지 않는 육지

짠내 나는 숨으로 솟구치는

그 욕심이 많을까
오대양의 성스러움이
물의 끝자락에서 찰랑거린다

때론
억겁의 생을 서정적인 목소리로
철썩철썩 노래한다는
잔잔한 파도로는 성이 안 차
거친 파도 내몰아
부수고 엎어 지상 구석구석
점령해 버린다

클릭과 클릭 그 사이 어디쯤에서
해가 뜨고 달이 지는
우리의 삶 속에
함께 출렁이는
정보의 바다

온몸이 화살인 커서가 명중시키며

매일 매일 들어오는
수많은 줄기의 민물에
지느러미를
어느 쪽으로 틀어야 할지
고민도 하기 전에
비늘 한 쪽이 떨어져 나간다

대양의 바다
인생의 바다
참담과 비통이 산다는
바닥으로 추락하지 않기 위해
둘 다 키를 단단히 잡고
침몰하지 않는
항해사로 길들여 간다.

록키산맥

지 몸도 차가운데
얼고 얼리는 표정으로
더 차가운 눈을 품고
살아남은 삶을 입증하기 위해
만년을 지켜온 세월

정오와 여름이 다녀가도

녹지 않고 쌓인 달빛이
너무도 시려워
흘려보낸 눈물이
쪽빛 호수되어
반긴다

냉기로 호의호식하며
폭설과 눈보라가 산다는
추위의 강도에 따라
더 단단해진 몸뚱이
저 빙하

세계의 지붕 되어
버티고 서 있지만
스스로 신이라 자처해
애당초 글러 먹은 자본의 욕망과
문명의 이기심에
무너지고 또 무너지지만

치열한 생의 궤적으로
그 기백과 위상은
아직도
하늘을 뚫을 기세다.

나이아가라 폭포에서

신이 만든 수로를 돌고 돌다
폭발한 화산이
만들어 놓은 덫에 걸렸어도
물의 말씀 오류 없이 전하기 위해
장엄한 비명 같은 활자들이
수직으로 당당히 입수하는
저 웅장함

지상과 공중의 경계 무너뜨리는
물의 발바닥으로 24시간 군가 부르며
가파른 허공의 절벽 곤두박질쳐서라도
기어이 점령하고야 말겠다는
의지의 병사들처럼
한 치 앞도 모르고
넓디넓은 강 위를 용맹스럽게
진군하다
천길 낭떠러지에 떨어져
바닥을 친다

억겁의 생 살아온 이야기를
수만 송이 물꽃으로
써 내려가는 은빛 찬란한 문장들
그 순간 즐기려고
각국에서 몰려든 인파들
탄성을 토해내며
유구한 물의
역사를 마신다

얼마나 많은 세월 동안
가면 쓰지 않은 물의 얼굴로
꼿꼿이 세운 맑은 등뼈로
흐르고 흘렀을까
계산도 안 된 시공 속에서
앞만 보고 달렸을
저 물줄기
왔던 길 갔다가
다시 또 돌아오는
윤회를 반복하겠지.

흙의 신부

신열에 몸부림치는 낮과 밤이
생의 나락으로 떨어진다 해도
바람이 뿌리고 간
잉태의 날 기다린다

추위와 눈보라와 적막 속에서
일관된 침묵의 자세로 흩어진
대지 속 숨결 기지개 켜고

추억 품은 따스함
미소 지을 때

침몰하는 온갖 방식과 태도들로
희망과 내일의 언어를
빗장 건 뿌리
심장 찌르고 흔들어대도
묵묵히 참고
인고의 시간 보낸다

시간의 가장자리에서
나비의 흔적 놓쳐 혼절하다가
긴긴밤 참아온 들숨과 날숨 내쉬며
환희의 순간
태동으로 피어날
어머니의 자궁처럼.

노을녘에

환하게 켜두었던
가을 영혼
정오 건너는 오후의 페달 밟으며
종일 써 버린
열정 신고
몸을 데운 해 질 녘이 호명해
고요와 서쪽이 눈뜬다는
충전소로 들어간다

어스름의 물살에 젖어

어둠 고이는 잿빛으로
짙어져 가는
수묵화의 시간
잘 정돈된
평온한 침묵

침잠하는 시간 속에서
사색의 근력 키우는
적막은
낭만가루 뿌려놓은
도화지에
반짝이는 별

과장된 몸짓의 외로움과
쓸쓸함의 무게 내려놓는
달빛 같은 토굴엔
환한 희망 켜고
길이 보전할 주소
써 내려간다.

향수

시나브로 깊어지며 익어간다는
가을의 전설을 공중에 써 내려간
쪽빛 하늘 아래
그려진 빨간 정경
월출산 기운이 휘감긴다

엄마 옆 소쿠리에
달막이는 유년 시절의 재잘거림처럼
떠들썩한 골목의 붉은 입처럼
앉아 있던 홍시

추억은
그림 되었고

화가의 붓질보다 뛰어난
햇살과 바람과 시간의 입맞춤
그 갈잎 한 장
느릿느릿 찬바람을 배회하다가
작품 하나 떨구고
이별 고했던 곳

어둠 속에 흰 뼈 묻고 사라진다는
찬서리 된서리 내려도
한적한 계절의 얼굴 같은
산까치의 축제 열어 주겠다던
고향집 마당
주렁주렁 매달린 음표의
노랫가락 들리는 듯하다.

별들이 모인 제주도

수만 평의 허공 끌고 다니는 물새가
한줌의 고요 벗고 날아오르는
바닷가 언덕 푸른 잔디에
청춘과 전성기를 달려
초록 수놓는 별들이
가을 그린다

아삭아삭 입에 붙는 수다로
상다리 부러지게 한 상 차려지자

왁자지껄 쏟아내는
추억의 언어들
수면 중인 물고기들
눈을 깜박이게 하고

달달하게 당도가 올라간
라떼는 말이야 후렴구가
노랫말처럼 흘러나오는
지난 시절 일기
윤전기의 신문처럼
우리들의 뇌리 속에
새겨지고 있다

인생 2막 시작하는 나이
꿈과 낭만을 발화점 삼아
비상을 꿈꾸는 치밀한 본색
그 아름다운 도전에
케익 커팅 하고
파도소리 웃음소리 바람소리

삼악주로
행복의 한 소절 덧칠하고 있다.

동해

오후의 깃을 치는 파도와 물새에게
뜨거운 심장 바친다는
삼척의 가을
풍경 소리 되어
품에 안기고

수평의 중심 잡기 위해

수면에 비친 구름의 발뒤꿈치 깨물며
너울너울
귓전에 속삭이는
저 물결
그리운 님 안고
춤춘다

몸을 터는 볕뉘 간지럽히며
솔밭 사이로 스며오는
향기 마시며
스스럼없이 스크럼 짜는 물의 다정함
그 쪽빛에 속내 덧칠하고
더 맑고 아름다운 영혼
일구어낼 때

상처와 울음 사이에서
애면글면 안간힘으로 매달리며
짜디짠 길에서 피어난
생의 소금꽃

청명한 바다에 담으니
사르르 녹아
희망의 꽃대 밀어올리며
하얀 물보라꽃 다시 피어난다.

어느 가을날

양달의 아랫목 들인
꼬실꼬실한 가을볕 방에서
맑고 고운 햇살 꺼내
양념으로 버무려
하루를 먹고 나니
저녁에 오는 포만감
참으로 행복하다

배짱과 오기로 다져진

단풍처럼 붉어질 수 있다는
그 무엇인가의 열정이
나를 춤추게 하고
살랑살랑 불어오는 바람과
따스하게 비춰 주는 해님

헐벗은 해 질 녘을 위해
만추의 잔디밭에
배회하는 노을과
뚝뚝 흘러내리는 새소리
그 풍성한 상차림
모든 게 다 넉넉하다

철 지난 상처의 치유와
낭만의 근력 키우는
풍부한 영양 들어 있어
몸 건강하게 하고
영혼 살찌우게 하는
활력에 감사하다.

감사

공중과 지상을 떠받친다는
황홀한 계절의 기슭에서
초록과 함께했던 잎새
후두둑 눈물 흘리며
차디찬 바닥에 입맞춤한다

생의 환절기
그 탈피의 시간은 어슬렁어슬렁 다가와

흔적 지우는 지우개처럼
빗자루 하나
싸악싹
밤새 내린
바람의 지느러미
조용히 쓸어 담는다

어둠과 일출의 간극에서
시작과 끝이 물려 있는 문 열고
황금가루 서서히
뿌려지는
여명 앞에서
굽어진 등과 손놀림에 의해
한 생 마무리하는 순간

다정과 다감과 밝음의 간격으로
아무 일도 없는 듯
평온 속에 스쳐간
누군가의 손길

발을 오므린 햇살이 기지개 켜는
이른 아침
참 따스한 사랑
고요히 흐르고 있다.

친구

오전과 오후와 우리의 다정을 채집한
서녘 하늘
물들지도 않았는데
어찌 그리 서둘러
생의 귀가 재촉하는
황혼빛 그리려 할까

천진한 연두와 바람이 한 뼘씩 자라
푸른 들판에 아름다운 봄
여름 냇가에 미역 감던 소녀
가을의 코스모스 길 따라
짜고 매운 걸음의 중심 세우며
하이킹했고

화사한 흰빛의 내력 보탠다는
눈이 오면
왁자한 설경으로 먹고 산다는
썰매장과 눈사람 만들어
동네가 떠들썩하게
포근한 겨울 장식했지

다급하게 맨발로 끌려가는 슬픔과
힘든 일 있을 땐
개똥밭에 굴러도 이승이 좋다고
파이팅 외치며 깔깔대던 너와 나
아직도 생생한데

희망을 움켜쥐며 우화 꿈꾸었던
그 세월
그 추억
그 아름다움
다 녹여
별 되려 하다니

함께한 세상 뒤로하고
우걱우걱 갉아먹는 울음의 집,
그 꽃상여 타고 먼저 가려는 너
소중한 핑크빛 벗
다시 손잡고 푸른 세상
거닐 수 있길.

제3부

뜀박질하는 계절의 소음 뒤로하고
우리의 하모니 위해
쉼 없이 건반 두드리지
않아도 되는
노을 연서 한 장 써서
그대에게 보내고 싶다.

최고의 기도

무법의 시곗바늘 위에
역경의 부산물 가득 싣고
일상의 무게와 미래가 밀집된
도로 점령해도
잘 손질된 여유 둥글게 말아
기다릴 줄 아는

그날의 안쪽에서 바깥쪽까지
초록의 언어로
철없이 떼써도
다정과 다감 그 언저리 맴돌며
눈높이에 맞춰서
인정할 줄 아는

생명수 바닥 치는
빗방울 멍때리며
허공에서 꽃피는 물의 입술과
촘촘히 꽂히는 동그라미 빌려
우수에 젖은 시 쓸 줄 아는

불면과 불안과 어스름 사이에서
표정이 엷어져도
작은 생각
작은 움직임
작은 사랑 모아
오직 오늘을 살아가는

생각과 감정의 물살이
소용돌이로 몰아가거나 메마르거나
나와 함께 숨쉬는 모든 것
오감으로 느끼며
눈물 한 방울
뚝 떨어뜨릴 수 있을 때
풍요로운 붉은 영혼
뜨거운 손 합장하는.

산사의 울림

정오의 자세로 정좌한 한낮이
바람의 낚싯대 드리우면
공중의 입질로 뎅뎅 울리는 풍경 소리

그 한 생이 살고 있는 산자락
거기 웃고 있는 바람
소리도 없고 형체도 없다

지나온 억겁의 생과
현생의 설움이
무슨 할 말 있다는 듯
처마 밑으로 밀려들자
오후의 비늘 반짝이며 유영하는 놋쇠 물고기
온몸으로 토해내지만
떨쳐지지 않는
그리움

낮과 밤과 보고픔의 배경 되어준
허공에 마음 걸어 놓고
갈 길 그려 보지만

푸르름과 아찔한 높이 답습하는
창공에 걸린 나뭇가지가
모두 내 집이라며
새들이 쫑알거린다

고요하게 써내려간 노을 법문 읽으며

바위 위에 앉은 바람은
소슬조차 보내지 않고
찬 기운 서린 그곳에
토해낸 저 붉은 동백꽃
황토방 아랫목 같은
꽃자리 되었다.

정자 위에서

허공으로 따스하고 반짝이게
파문 일으키는
햇살이 졸고 있는 산자락
소박한 원두막
청정 보약 마신다

휘리릭 휘리릭
공중을 달리는 발굽 소리 내며
불어오는 바람
그곳에서
힐링의 희망 춤춘다

초록의 말씀을
오류 없이 잎마다 새긴다는
대숲은
파도타기 하듯 찰랑거리고
묵직한 상수리나무
어깨 풀어 감싸듯
한들 한들

늘어진 하품이
어쩔 수 없이 꽃으로 피어난다는
접시꽃 당신
살며시 웃으며
여름이 빨리 오는
부담감 하소연한다

절반의 낮과 절반의 밤으로
기슭과 비탈과 고요가 빚은
산 너머 사연 벗 삼아
내게 온 가벼운 숙취는
임금님 포석정이 부럽지 않다

나의 행복
산중 어느 마을
황홀함에 빠져 있다.

어느 추운 겨울날에

나선형의 초침과 분침
촘촘하게 그리며
방전될 만큼
햇살 퍼부어도
고드름 꽁꽁

따스하고 악착같은 것들,

그 온기 자동차에 가득 싣고
노을녘에 도달하지 못해 끙끙거리는
시간의 구름 잔뜩 낀 오후 지나왔다

온맘 다해 빛 쏟은 하루
추락하는 일이 두렵지 않다는
해 질 녘 다가오면
노곤함에 잠시
의자에 숨결 기대어
눈길 눕히니
어느새 쪽빛 하늘이 앉아 있다

도시의 발자국 채집하는
회색빛 빌딩 사이로
허공 가로지르며 헐렁하게 매복해
거대한 섬처럼 보이는
저 깨끗한 평온함은
과연 어떤 세상일까

뜀박질하는 계절의 소음 뒤로하고
우리의 하모니 위해
쉼 없이 건반 두드리지
않아도 되는
노을 연서 한 장 써서
그대에게 보내고 싶다.

눈 오는 날

아득한 공중의 방
오후를 가로지른 빗장이 흐릿해지면서
하늘의 비밀번호 뚫렸는지
겨울 은하수
소록소록 내려와
천상에서 못다 한 사랑
이루려는 듯
두려움 없이 뛰어내리는 저 아름다운 추락이
서로 안고 뒹군다

혹한기의 체취 같은

찬바람과 냉기와 소름으로 지어진
추위의 곳간 앞에 서 있는
나목의 등뼈에
다정한 결심인 듯 방향인 듯
그리움이 포근한 머플러 닮은 흰빛으로
눈물 젖은 꽃 피워내고 있다

살얼음 낀 지상의 얼굴은 얼어붙고
저녁의 입술은 열리지 않아
눈보라의 숨결 고르며
서리 별자리
덥혀 놓으려고
적막이 반짝 출몰하는 틈을 타
차분차분 눈꽃송이 펼치며
쓰다듬고 있다.

5·18 광장 바라보며

초침 내림표 찍던 날
어둠 움켜쥔 두 손에서
밤새 울음소리 흘러내리고
뜨거운 주먹에서 내일을 꺼낸
민주 광장 바라본다
그날의 함성 들리고
주먹밥 오고 간다

저항과 안간힘과 봄의 조바심이
긴 터널을 빠져나오며
죽은 자와 산 자의 역할
같은 시공 속에서
또 하나의 숨결로
우리의 꿈 써 내려간다

무릎 꿇는 살과 피 취하기 위해
컴컴한 권력 향한 맹목의 얼굴로
욕심이라는 허상에 갇혀
짙은 안개 속 헤매던
맹인이 된 바람
스스로 갈 길 잃은 날

나비가 절반의 봄 압축시키며 날갯짓하자
새날을 향한 좌표가 눈뜨며
손끝에서 태어난 아침
정의의 태양 다시 밀어 올리며
진실의 덩어리
자유 안겨준다.

입춘

밀착하려는 강추위와
떨어지려는 정오의 햇살이
나무처럼 흔들리는 겨울 끝자락
그 낮과 밤의 간극에서
사방 깊은 곳으로부터
숨비 누르고 올라오는
저 작은 떨림

갓 태어날 꽃빛 생각으로
심장을 데운다는
봄의 언론
개구리 보도가
곧 있을 거라는 소문이다

조잘조잘 근질근질 반짝이는 호기심으로
물의 바깥 염탐하기 위해
살얼음 녹아
물소리 나고
초목에

연둣빛 붙여지면
단장한 색채 고운 기운
올 거란다

적막과 한기를 막판까지 끌고 간
냉랭함의 윗목에서
아랫목의 따스함이 늘 그리웠던
백설이 말한다
나도 이제는
춘설이라고.

별 하나

소란스런 빛의 알갱이들은
서녘으로 돌아가고
서정적이고 얌전한 체질의 어둠만 남아 있어
고요히 숨쉬는 밤
걷기 운동 하다 마주친
유난히 크고 밝은 별 하나
별무리가 휘감고 있다

어슬렁어슬렁 불면의 시간 걸어 나온
창백한 호흡으로
슬픔과 허무가 자라는
고독 속에서도
두려워하지 않은 불씨처럼
영롱한 꿈 되어
바라보고 있다

눈물과 웃음이 물의 지느러미 되어
망망대해처럼 펼쳐지는
삶의 행간, 그 길목에서
눈과 귀 되어
수없이 손짓하다
조용히 스며든 이 격려의 말들
반짝반짝하다

아픔과 불안이 흘러내리는
주저와 뒷걸음질 사이에서
쎈 힘으로 등 밀어 주듯

길잡이 역할해 준 무언의 음성
발길 머물게 한다.

메아리 · 1

비탈진 주소를 등에 멘
산등성이 올라
사랑해 하고 외치니
사방에서 많은 사랑이
안겨왔다

낙관의 둥근 파문으로
감사합니다
그리하겠습니다
골짜기에 울려퍼지는

저 함성

낮과 밤과 허리춤에 매단
긍정도 부정도
기쁨도 슬픔도
다시 돌아온다

오늘 하루
어떤 마음
소리 질러 볼까.

메아리 · 2

마음속 산줄기에 올라
남기고 갈 이별의 온기 같은
버킷리스트 펼치니
단단하게 여물어가는 안색으로
사랑의 방향 모색하는
무언의 음성 들려온다

어둠과 적막의 밑바닥에서
시간의 지층 여는
아침마다
햇살의 생각이 일목요연하게 정리된
빛 안고 내게로 온 당신
두 손 꼭 잡고 하루 건넌다

기우는 방식의 얼굴로 다가간다는
저녁이면
해 질 녘 고동소리 들으며
집으로 돌아와
상아탑 쌓는다

희망의 취향이 머물며 살고 싶다는
찬란한 내일 위해
잘 자
소곤소곤한 울림에
소롯이 잠든다.

전투

평면의 몸으로
한 땀 한 땀 야물게 온기 가둔
따뜻한 이불 속에서도
바람의 속삭임 느껴질 때
겨울 손님 몸안에
슬며시 찾아왔다

아픔과 무기력이 오는 방식의
생은 늘 건방지고 무례하기에
목 간질거리고
코 맹맹하다
침투 작전 펼친
싸움 시작됐다

무기로는
낯선 환절기 지나
복숭아뼈 시리도록 후생後生을 담은
배 도라지 생강 끓여
뜨겁게 마시고
체온 높여
예고 없이 쳐들어온 적
기 누르는 작전 편다

어떤 비애와 무너짐으로 나아가는
고집스런 전략 앞에서
요리조리 방어벽 쳐 보았지만

차 한 잔은 어림없다는 듯
보이지 않은 병사들의 작전 성공

온몸 힘들게 한다
내일은 약국 가서
색깔별로 저항의 힘 키운다는
핵폭탄 사다
팍 터뜨려야겠다.

산다는 건

요리조리 빠져나가는 생의 숨은 각도에도
절실한 방향이 있어
웃음과 울음의 밧줄 잡고
감정의 바다에서
파도 타기 하는 것

얼굴이 뭉개진

비명과 웅웅거림이 비릿하게 녹아드는
상심의 골짜기에 빠지면
풀뿌리 붙잡고
오르는 것

고요한 저녁이 어긋나며 추락해
불안의 깊이가 아찔한
캄캄한 어둠에 갇혀도
별 달 해 찾아온다 믿고
희망 잃지 않는 것

어차피 비극과 희극으로 늙어가기에
미래는 어떨까 생각보다는
생생한 그림 자세히 그려놓고
찰나 점검하는 것

아득할수록 명확한 불꽃의 씨앗 심는
캔들 차트처럼
파란불 빨간불 신호에

애간장 태우며
그래프 그려 가는 것.

군고구마

겨울의 귓불 잡아당기며
어스름 담 넘는 바람 소리 가득한데
붉은 불의 손등 비비며
타닥타닥 안부 건네는
따스한 화목 난로처럼
추억이
모락모락 피어 오른다

흰빛으로 동동거리며
수다스런 국물 맛 내는 동치미
엄마의 치맛단에 이어 붙인 속엣말
인기척을 몰고 다니는 골목길이
불꽃으로 피어나고 있다

대지의 품에서 자라나
싱싱한 생각들이 어룽더룽 굵어지며
햇살과 달빛 머금은 뿌리

지나가는 나그네가
달달하게 익은 고향의 속살에
심장을 까맣게 태우며 군침 흘린다.

솔잎차

초록과 솔향의 말투로 수십 년 살아온
소나무의 신념을 마신다

솔솔
바람 사이로 스며드는
청량함 마신다

나이테와 잎으로 대물림되는
숭고한 당부가 집요하게 흘러나오는
뿌리에서 번지는 생명의 떨림 마신다

세월의 그리움 속에
푸르름과
흔들리지 않는 마음을 마신다

투명한 바람의 주먹에 저항하고 순응하며
그 뜻을 헤아리는 경건한 자세 마신다

해 질 녘과 고요가 산다는
언덕에 홀로 서서
하늘 우러러 쓰다듬고
등줄기의 온기 품고 있는
역사를 마신다

숲의 혈통 잇기 위해
깊은 산속

은은히 퍼져오는
송진의 가슴
그 향을 마신다.

초록의 힘

상실과 몰락의 밤 견디며 단단해진
감성 담은 속삭임

지상에 파문 이는 맹세 하나 그으며
설렘 가득 싣고
다가온 훈풍

기억의 뿌리부터 나무의 심장까지
생각의 불이 환하게 켜지는
그리움의 시간
걷잡을 수 없이 휘감는
세상 향한 동력

대代가 끊기지 않게 식물성의 자세로
푸릇푸릇 혈통 잇는
여정에 봄 있어
따스함 맞이할 때
그 향기 주변 감싸듯

성질 급한 바람과 조율하며
허공으로 꽃의 생각 펼치는
노랑과 분홍이
떨림의 손 내밀어
데리고 온 해맑은 숨결.

미소

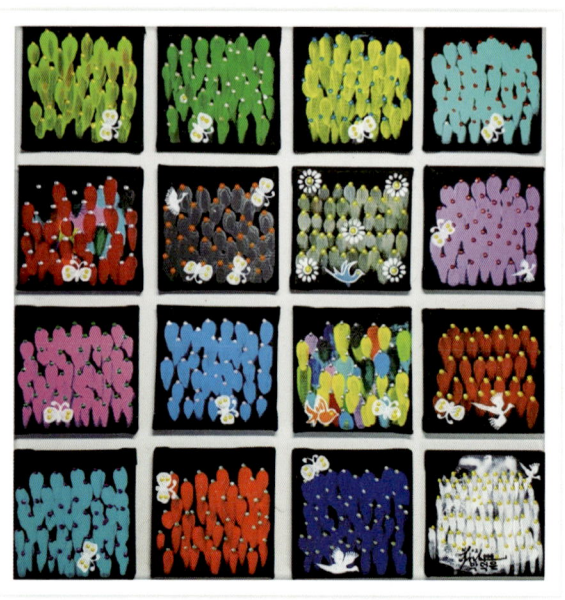

따스하고 다정한 온기를
바깥의 표정으로 걸쳐 입어
꽃처럼 피어나는
생을 입에 걸고 산다

날마다 행복의 방향 주우며
말랑거리는 기억 위를 걷는,
그 감사 머금은
초록의 얼굴엔
환한 햇살 떠오르고

심장에 스며드는 단맛 맛보며
달달하게 마음의 당도 올라간
감동이 파도칠 때
가만히 속삭여 주는
바람

다짐과 다행 사이에서
당신과 나를 잇는 첫자리,
그 환희 위에 그려진 고요
분홍빛 연서 한 장
펼쳐 놓는다.

제4부

떠들썩한 꽃색 탕진하기 전에
벚나무 위에 지붕 씌워 주고
흔들리지 않게 바람 막아 주고
활짝 핀 꽃송이 축 늘어진 가지
안아 주고 싶다

대접의 의미

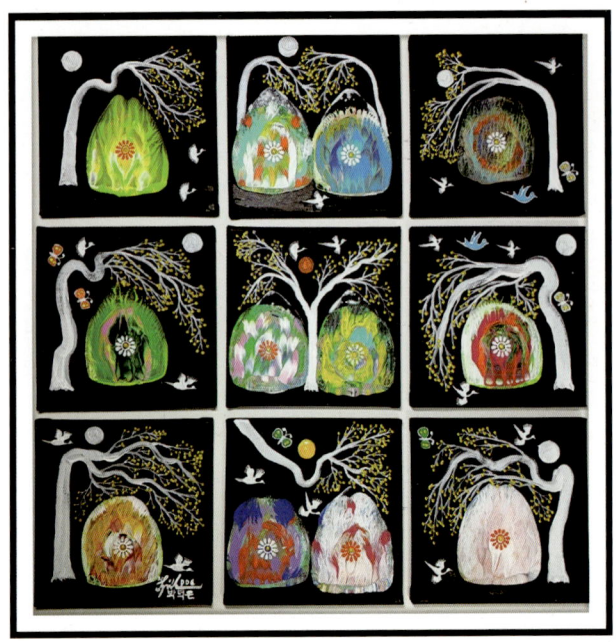

불안한 생의 노래에 공명하는 시간이
거리로 쏟아질수록
예측 불허의 길이 팽창할수록
사람들은 저마다

꽃잎 같은 말씨와
정성 어린 마음으로
살가웁길 원한다

흐린 내일을 끌어당기며
냉담하고 왜곡된 자세 쌓고 있는데도
난 잘하고 있는데
상대가 문제라는 의식
그 틀 안에 갇혀 있는 이는
뭘 잘못하고 있는지조차도
느끼지 못한다

파열음으로 가득한 신경질적인 표정을
환하게 반짝이는 방향으로 수정하기 위해
한 조각 따스한 언어와
칭찬의 글은 바로 나부터라고
생각해야 한다

울컥, 이라는 따뜻한 체온으로 연결된

잔잔한 온기 받고 싶다면
달빛처럼 스미는 온정을 주라
시간 위에 피어나는 이야기 되어
영원히 꺼지지 않는 불꽃 되라.

마음

축적된 시간의 슬하인
산을 품어 보고
날마다 파도를 잉태한다는
바닷가도 가 보고
예쁘게 피어 있는
꽃밭도 거닐어 보고

웃음의 첫자리
그 좋았던 시절의 추억도
들여다보면서
소리 없이 세상 바라본다

때로는 뒤돌아보며
회한의 눈물도 삼켜 보고
미래의 다짐도 해본다

만남의 가장자리만 맴돌다가
미워도 했다 용서도 했다
가고 싶은 대로

요리조리
오락가락하다가
왔던 길 바라보며
다시 길 나선다.

조마루

바람이 주억거리는 언덕에는
잘 익은 마한의 언어가 살고 있다

조의 생각이 구김 없는 그늘 문장 지으며
찰랑이는 계절의 머리카락 쓸어넘기자
이랑 이랑마다 삼한의 일대기 써 내려간다

누대에 걸쳐 살아온 낮과 밤이
서숙*의 습작 들여다보며 퇴고하고
오탈자 먹어 치우는 메뚜기가
숨 참으며 잎의 글들을 들여다본다

페이지 넘길 때마다
석양은 조밭의 표정 베껴 쓰느라
발랄하게 물들어간다

시월을 공중에 띄워
붉은빛으로 서식하는 가을

잘 여문 원고에 마침표 찍는
붉은 표지의 삼한 시대 한 권이 완성되고 있다.

*서숙: 조의 방언

향긋한 아침

위에서 내려다본 앞뜰
한 생의 전성기처럼
향기 가득한 그리움을
실어 나른다

물의 생각이 유구하여
너른 드들강에

윤슬과 함께 찾아온
코스모스 설레는
이 향긋한 아침

해마다 마주하는 꽃밭
가을 들녘과 의젓한 강물은
한들거리는 코스모스 친구
푸른 하늘 아래
가을이 피어 있다

물결체 문장으로
강가 거니는 이들의
여유와 낭만은
피어난 가을과 함께
추억의 향기가 된다.

행복한 수선화

불안과 막막함 같은
뭉툭한 자루에 담겨
얼어붙은 땅속에 있을 땐
알지 못했다

비의悲意로 뭉쳐 있어
어쩌면 얼굴도 못 내밀고
죽을지 모를
불확실한 미래가 두려웠다

따스한 봄 상상하며
희망 잃지 않았고
조금씩 싹을 밀어 올렸다

용기의 화법처럼
대지 뚫고 고개 내밀었을 때
차가운 바람과 훈풍이
키워 주었다

봄날과 긍정의 문양으로
꽃을 피웠다
많은 이가 환호하고 반겨주는
노랗고 청초한 아름다운 꽃을.

매화

매화나무의 감정 답습한다는
향기 날아들어
살며시 품어보니
활짝 핀 얼굴에 방긋한 입술

봄의 순도를 체크한다는
벌나비 오는지 둘러보지만
새벽에 내린 잔설만
사뿐히 쌓여 있다

아득히 추운 기억처럼
꽃잎 하나 떨어진 자리
얼었던 몸 흔들며
파릇파릇 올라온 봄

날아든 참새 한 마리
입맞춤하며
기다린 사랑 고백한다.

무등산

수면의 바깥을 염탐한다는
살얼음 아래
흐르는 물소리에
나뭇가지들 깨어나고

계절의 지문처럼
파릇파릇 내미는 손에
바위틈 사이로

아기 꽃망울 피어난다

여름의 목소리가 푸르러
녹음이 짙어가며
매미 울음 애절하고
산사람은 그늘 찾는다

무등산 천왕봉에서
내려다본 남도
한 폭의 수채화

시절 쫓아
꽃 피우고 열매 맺음이
어찌 이리 아름다운지.

밤 벚꽃

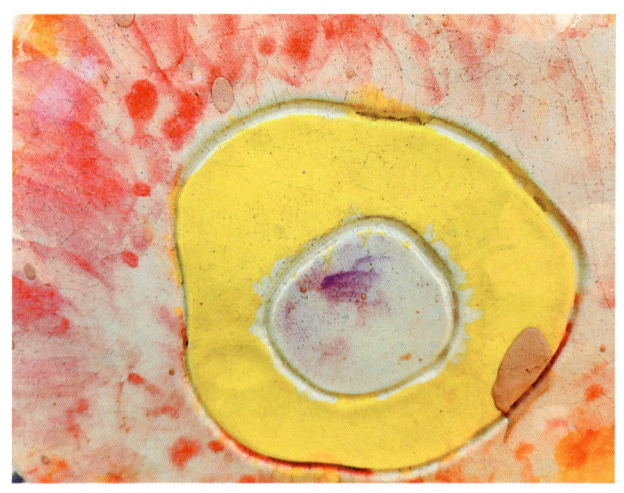

화려한 자태로
눈부신 봄날을 무단 횡단하며
한들한들 여유 부리다
세차게 불어대던 바람과
싸워 이긴
승리의 기쁨

물의 삽날에 찍혀 젖은 몸
해님 덕에 뽀송하게 말리고
가로등과 소곤거리며
고요 수놓는다

막무가내 자정도
적막으로 깊어진다는
어두운 시간 속에서
빛나는 꽃송이들
주렁주렁 걸고 있다.

비에 젖은 벚꽃

떠들썩한 꽃색 탕진하기 전에
벚나무 위에 지붕 씌워 주고
흔들리지 않게 바람 막아 주고
활짝 핀 꽃송이 축 늘어진 가지
안아 주고 싶다

어둠과 정적을 점자처럼 더듬는
달도 별도 숨어 버린 밤
네온빛 황홀함 속에
무거워진 꽃잎 달고
찰랑 찰랑

봄의 옆구리가 가려운
새싹의 재촉일까
신의 질투일까
한 잎 한 잎 허공에서
낙화춤 춘다

금방이라도

훨훨 가 버릴까 봐
조금만 더 있어 주길 바라며
두 손 모은다.

새해

어둠 밀어 올리며 출항하는
쟁반 같은 불덩어리
사방 붉히며 올라올 때
한 해가 시작된다

낮과 밤의 출처인
어제 떴던 해 다시 떠오르는데
의미 부여해
새로움 시작한다

굳건한 마음으로 작성한
목표와 버킷리스트
절반의 성공

남보다 더 큰 소원 이루려고
응시하고 기다리는 일출
함성이 터진다

내일의 표정 같은

따끈한 떡국 한 그릇에
언 몸 녹이고
추위와 싸워 열두 달 담는다.

세월아

시간의 지문마다
오르막과 내리막이 질주하는
너에게 묻나니
미래의 내 모습 어떻게 바꿔 놓을 거니
눈 코 입 머리카락 주름살 하나까지

무수한 표정과 말투 덧입히는

요술 부려
본래의 모습 조금씩
바꿔 버린 네 앞에서
몸부림친들 소용없구나

절반의 울음과 절반의 웃음이
반복된 계절의 시공 속에
내 너를 이길 수 없어 부탁하니

이왕이면 봄꽃처럼 예쁘고 건강하게
늘 밝은 얼굴로 유리알처럼 깨끗하게
변해갈 수 있도록 해줄 수는 없겠니.

일출

동쪽의 입꼬리가 근질거려
꼬오꼬댁
추억 깨우고
하루 여는 소리

첫 대답인 듯 첫 호기심인 듯
여명 시작된

득량만 바닷가
몽우리진 홍매화
톡톡 터진다

새벽을 배회하다 눈뜨는
붉은 불덩어리 하나
쑤욱 올라와
금빛 세상 만들었다

반짝거리는 천손들
수상 스키 타는 오리
춤추는 기러기

햇빛가루 황금되어
온통
눈부신 바다.

장독대

간기 머금은
달빛과 햇살이 피었다 지는
추억에 대한 그리움
밥상의 감초처럼
간장 익어 가던 곳

시집살이의 안절부절이

거칠게 덮쳐 와도
쪽머리에 흰 수건 두르고
된장 풀던 친정엄마 모습
아른아른

곁에 피어난 골단초와
백합의 어우러짐은
정겨운 시골집의 대명사

바다와 땅의 말씀 같은
소금과 콩이 늘 지켰던
크고 작은 동이들
소박하면서도 강렬한 향수.

천사대교

그리움 앞세운
섬과 희망과 안부의
오고감이 하늘에 달려있어
뱃고동 소리 반가웠고
바닷속 뒤집은 성난 파도가
무서웠던 곳

파도를 귓바퀴에 묶고
짠내 나는 길이 되고 싶어
서 있는 기둥 위에

아스라이 놓여진 다리
장엄 속 아름다움
푸른 물결과 함께 춤추는 곳

문명의 이기심일까
신의 배려일까
기쁨도 슬픔도
이제는 쉬이 손잡고 달릴 수 있는 곳

물의 심장 뚫고
유유히 지나가는 고깃배 한 척
노랫소리 들리는 듯한데
구성진 사공의 노래일까
전파 타고 날아온 추억의 리듬일까.

추억의 가을산

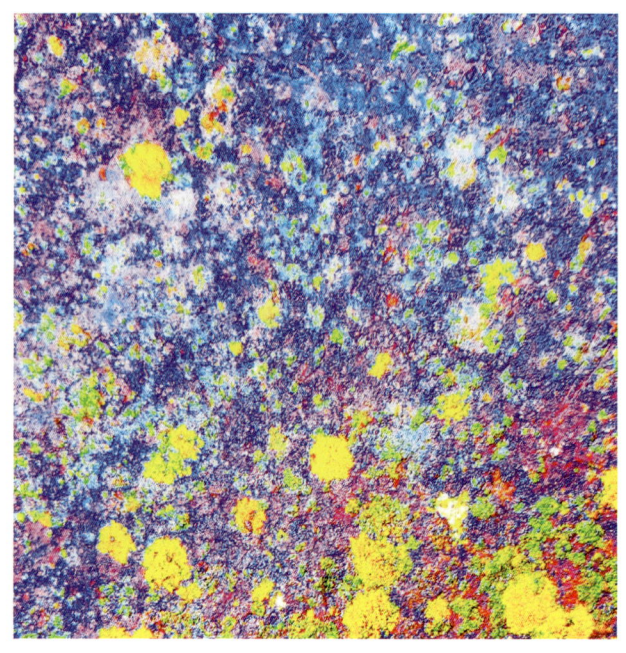

오후의 소란스러움을 끌고
불어온 바람
숲속 들어와
고요히 쉬었다 갈 때

공중의 등 뒤에서 뛰어내린
낙엽 된 나뭇잎들
어느새 모아져
구들장 뎁힌다

노년의 쓸쓸함처럼
나무 사이는
휑한 바닥 드러내고

계절의 발자국 모아
맹감 머루 늘어진 곳
유난히 붉게 물든 단풍나무
계절의 풍악 울려준다

복슬복슬 토끼 한 마리
빨간 눈 굴려대며
산속 아름다움 전하고 있다.

행복한 겨울

빛과 어둠이 방향을 모색하다가
소리 없이 쌓이는 눈처럼
님의 가슴속에도
행복이 소복소복 쌓였으면

흥청망청 눈보라로 호의호식하며
휘몰아치는 눈밭에서
정 한가득 담아
장독대에 담았으면

아득한 허공에서
가볍게 나뉘어진 무게로
내리는 은빛 눈꽃송이
가녀린 몸으로 받아 안고도
천년 기상 흩어지지 않으려는
저 대나무 절개 닮았으면

목젖 뜨거울 만큼
갓 구운 군고구마 호호 불며
한입 베어 먹는
동토 동화 속 주인공 되었으면.

평설

이서현 시인의
첫 시집 출간을 축하하며

박덕은

(문학박사, 문학평론가)

평설

이서현 시인의 첫 시집 출간을 축하하며

박덕은 (문학박사, 문학평론가)

　이서현 시인은 전남 강진군 성전면 월남리 청룡부락에서 1964년 1월 15일에 아버지 이병희 씨와 어머니 김길남 씨 사이에서 4남 4녀 중 여섯째로 태어났다.
　고향에서 성전북초등학교를 거쳐, 성전중학교까지 다니다가, 고등학교 때 광주로 올라와 광주여자상업고등학교를 다녔다. 현재 GA Korea에 재직 중이다.
　1988년 박행진 씨를 만나 결혼하여, 슬하에 아들 박경호, 박경원, 딸 박미나를 두고 있다.
　취미로는 시와 수필 쓰기, 플룻 연주, 두 달에 한 번꼴로 산이나 바닷가 찾기 등이다.
　2024년 3월 월간지 《문학공간》 시 부문 신인문학상, 2024년 5월 계간지 《문학춘추》 신인문학상 시 부문 신인문학상 수상으로 문단 데뷔하여, 광주문인협회 회원, 화순문인협회 이사, 한실문예창작 회원, 방그레문학회 회장,

낯설기문학회 회장 등으로 활약하고 있다.

    문학상으로는 박덕은미술관 디카시 대상, 치유문학상 우수상, 산해정 문학상 최우수상, 한용운 문학상 특별상, 왕비용녀 문학상 우수상, 봉황대마타리꽃 문학상 우수상 등을 수상했다.

    자, 그럼, 지금부터 이서현 시인의 시 세계를 탐구해 보기로 하자.

> 조문하기 위해 먼 길 달려온 바람이
> 아직도 시간에 배어든 울음 닦아내는
> 선사시대의 무덤
> 흙 되어 흔적만 남아 있어도
>
> 생과 사의 팽팽한 경계
> 증언하고 싶은
> 돌의 수의壽衣 입고
> 한 번 섬긴 주인
> 역사의 길로
> 길이 길이 보전해 온
> 우직함의 힘
>
> 이승의 먼 기억이 은밀하게 살아있는
> 낮과 밤 껴입으며
> 수천 년 눈보라 휘날리고
> 비바람 몰아치는

고난 이겨내고

적막과 어둠이 범람해도
긍정과 희망의 자세 대물림한
후손들의 정성 어린 역사관에
유네스코 등재 쾌거 이뤄
명예의 전당 됐다

몽유와 악착의 해 질 녘을 걸어 나온
어느 골짜기 돌무덤이
세계유산 될 거라
그 시절 그 누가 생각이나 했을까
세월 지났지만 영혼들
이 풍진 세상 누리고 있다.
- 「화순 고인돌 공원」 전문

제2회 왕비 용녀문학상 우수상 수상작인 이 시에서의 시적 화자는 화순 고인돌 공원을 돌아보고 있다. 고인돌은 선사 시대의 돌무덤을 말한다. 고인돌은 거석문화를 대표하는 문화유산으로 우리나라를 중심으로 한 동북아시아 지역은 고인돌 밀집 분포권을 형성하고 있다. 고인돌 공원에 가면 몇만 년의 시간을 산 선사 시대의 바람과 영혼을 만날 수 있다. 움집에서 막 나온 듯한 번뜩이는 햇살이 우리를 반긴다. 그 햇살은 오늘도 그 시절이 춥고 외롭지 않도록 돌이불로 죽음을 덮어주며 감싸준다. 족장이라는 이름으로 들판을 내달렸던 단단한 근육이 넓적돌로 남아 있어 그 돌을 만지면 작살을 움켜쥐었던 힘이 느껴진다. 뿔나팔을 불며 정오의 짐승을 향해 석촉을 던졌을 것이다. 가만히 귀기울이면 먼데서 북소리가 들릴 것만 같다. 죽음이 고여 있는 돌에는 비파형 동검을 켜며 부족의 안위를 기원했을 선사 시대의 기도가 한데 모여 있다. 바람은 조문하기 위해 먼 길 달려오고, 무덤은 아직도 시간에 배어든 울음을 닦아내고 있다. 돌의 수의 壽衣 입고, 한 번 섬긴 주인을 길이길이 보전해 오고 있는 고인돌, 수천 년 눈보라, 비바람 이겨내고, 긍정과 희망의 자세를 대물림하며, 유네스코 등재와 명예의 전당이 되기까지, 몽유와 악착의 세월 걸어 나온 돌무덤, 지금에 와서야 그 영혼들이 풍진 세상을 누리고 있다. 이미지 구현의 솜씨가 남다르다. 낯설게 하기, 즉 새로운 해석의 폭도 넓고 신선하다. 시의 특질을 유지하면서, 독자의 눈길을 끌어당기는 긴장감도 좋다. 시의 맛이 살아 있어, 독자의 마음을 흐뭇하게 하고 있다.

> 부서진 어제와 말발굽 소리 밀려들고
> 명분 잃은 저녁의 강은 짓밟혀
> 몰락한 백제의 삼천궁녀
> 몸을 던졌다는
> 낙화암

슬픔과 눈물의 연대기,
그 부재와 궁핍의 계절 속에서도
한 주인만 섬기겠다는 절개로
그 육신 벗어던지고
영혼만 훨훨 길 떠났다

입술에 끈적이며 달라붙는
이승의 울음 뒤로하고
함께 가는 그 길
외롭지는 않았겠지
떨리는 심장 던져놓고
무섭지는 않았을까

망설이는 햇살도
주저앉은 오후도 없었다는
전설 같은 이야기
꽃다운 나이에 낙화 되어
별 되어 버리다니

유구한 역사의 배 타고
노을과 구름의 주소지인
백마강 돌고 돌며
고란사의 종소리와 함께
천년의 침묵 펼쳐 향기롭다는
연꽃으로 다시 피어날까.

-「낙화암」전문

제2회 봉황대 마타리꽃 문학상 우수상 수상작인 이 시에서의 시적 화자는 낙화암에 이르러 느낀 소회를 시적 형상화해 놓고 있다. 낙화암은 부여군 부소산 북쪽 백마강(금강) 변에 서 있는 바위 절벽이다. 백제 사비성이 나당연합군에게 점령될 때 수많은 백제 여인들이 꽃잎처럼 백마강에 몸을 던지는 모습이 꽃이 떨어지는 것과 같아 낙화암이라는 이름을 얻었다는 전설이 있다. 이 시는 그 전설에서 출발하고 있다. "부서진 어제와 말발굽 소리 밀려들고/ 명분 잃은 저녁의 강은 짓밟혀/ 몰락한 백제"의 궁녀들은 떠밀리고 떠밀려서 높은 절벽으로 올라갔을 것이다. 동서남북 어디로도 갈 수 없는 그곳에서 참담을 둘러쓰고 캄캄한 저 강물로 몸을 던졌을 것이다. 한때는 저 절벽이 강물 소리로 강 건너편의 나무를 끌어당기며 숲과 초록을 완성했을 것이다. 융융히 흐르는 강의 신념에 동화되어 절벽은 고요히 사색에 잠기기도 했을 것이다. 아픔이 큰 만큼 "고란사의 종소리와 함께/ 천년의 침묵 펼쳐 향기롭다는/ 연꽃으로 다시 피어"나기를 시적 화자는 소망하고 있다. 부서진 어제와 말발굽 소리 밀려드는 곳, 명분 잃은 저녁의 강이 짓밟혀, 몰락한 백제의 궁녀들이 몸을 던졌다는 곳, 슬픔과 눈물의 연대기와 절개가 새겨져 있는 곳, 이승의 울음 뒤로하고 떨리는 심장 던져놓은 곳, 꽃다운 여인의 나이에 별 되어 떨어진 곳, 유구한 역사와 노을과 구름의 주소지인 곳, 고란사의 종소리와 함께 천년의 침묵이 향긋이 펼쳐지는 곳, 이곳이 바로 낙화암이다. 전설의 흔적을 이미지 구현으로 재구성한 솜씨가 멋스럽다. 시어와 시심의 옷을 입혀 놓으니, 전설이 정겨워 보인다. 마음 열어 놓고, 역사를 대할 수 있는 길이 열리고 있어, 행복하다. 시와 함께 전설 속으로 들어가서 배우고, 거기서 삶의 의미를 맛볼 수 있어서, 상쾌하다.

한 자세로 눈뜨고 잠드는
초록의 행과 열마다
녹음 흐르는 곳
아침 이슬 고요히 흐르는 곳

볕이 옷섶을 풀어놓는다는
양달의 아랫목처럼
햇살 가득 안고 방긋 흐르는 곳
푸른 하늘 쳐다보며 크게 웃으며 흐르는 곳

풋내 가지런한 봄의 이마 짚으며
별빛 머금고 은은히 흐르는 곳
달빛 안고 고요히 흐르는 곳

몇 겹의 생이 서러운 중심 같아
애달픈 사연 안고 조심스레 흐르는 곳
진한 녹차 향 살며시 흐르는 곳

알록달록 속삭이는 곡선의 바람이
춘설의 혹독함 이겨내고 만세 부르며 흐르는 곳
내 마음 모두 담아 이랑 이랑 흐르는 곳
그리움 안고 터벅 터벅 흐르는 곳.

- 「녹차밭」 전문

  이 시에서의 시적 화자는 녹차밭의 정경을 시적 형상화해 놓고 있다. "한 자세로 눈뜨고 잠드는/ 초록의 행과 열마다/ 녹음 흐르는" 곡선이 아름다운 곳이 녹차밭이다. 저 초록의 곡선이 4월 중순이 되면 우전차가 되고, 5월 초가 되면 세작(두물차)이 되고, 6월 초가 되면 중작(세물차)이 되고, 6월 이후에는 대작(네물차)이 된다. 그런 점에서 녹차를 마시는 것은 환한 초록의 곡선을 받아들이는 것이다. 수행하는 분들이 녹차를 즐겨 마시는 이유도 저 환한 초록의 곡선이 정신을 맑게 해주기 때문일 것이다. 녹음과 아침 이슬이 흐르는 곳, 햇살 안고 하늘 쳐다보며 방긋 흐르는 곳, 풋내 가지런한 봄의 이마를 짚고 별빛 달빛 머금고 은은히 흐르는 곳, 애달픈 사연 안고 녹차 향 살며시 흐르는 곳, 곡선의 바람이 만세 부르며 흐르는 곳, 마음 담아 이랑 이랑 그리움 안고 터벅 터벅 흐르는 곳, 이곳이 바로 녹차밭이다. "풋내 가지런한 봄의 이마 짚으며/ 별빛 머금고 은은히 흐르는 곳"에서는 어떤 재기 발랄한 느낌이 든다. "몇 겹의 생이 서러운 중심 같아/ 애달픈 사연 안고 조심스레 흐르는 곳"에서는 아픔 많은 느낌이 든다. 시적 화자는 녹차밭을 통해 인생사를 다양한 각도에서 들여다보고 있다. 그런 다양한 관점으로 세상을 바라보고 시를 들여다봐야 한다. 표현 하나 하나가 정감을 자극해내고 미적 가치로 휘감게 도와주고 있다. 다채로운 감성의 세계가 독자들의 눈길을 사로잡고 있다. 섬세한 감성의 세계를 포착하여, 시심의 본향으로 이끌고 있어 행복감을 안겨 주고 있다.

   정오의 바깥으로
   소리와 얼굴 내밀며
   시끌벅적하다
   풀벌레 새 들
   물소리 합주곡
   무대에 한창이다

   달달한 궁금과 안부로
   촉촉이 젖은
   생명 있는 모든 건
   한줌의 생각과 즐거움 끌어올리는
   환희에 흥얼거린다

   흐르는 자세가 길이 된다는
   물길 만들어 놓은
   도랑물은 큰 바다에 가서

거사 치를 것처럼
힘차면서도 조용히 흐르고

바람의 말씀을 숭배한다는
태초 그대로인 또랑물
겨우 돌 위 넘으면서
쫄쫄 소리 내며
주위의 시선 모은다

작은 언덕 골짜기에선
겁 많은 물의 걸음들이
하얀 속치마 둘러쓰고
뛰어내려 부서지는
포말들

와글와글 물의 아우성으로 요란한
물가에 핀 나리꽃
님의 향기 맘껏 마시며
입 다물 줄 모르고

이곳에
발랄한 낮을 주머니에 넣고 다닌다는
해님 조용히 내려와
한쪽 다리 걸치고
숲의 노래 찬양한다.

-「비 멈춘 숲」 전문

이 시에서의 시적 화자는 비가 멈춘 숲을 유심히 관찰하고 있다. 비는 웅크린 지상의 꿈을 깨우기 위해 주룩주룩 내린다. 물의 갈기를 휘날리며 공중을 달음박질해서 달려온다. 그 느낌을 시적 화자는 "정오의 바깥으로/ 소리와 얼굴 내밀며/ 시끌벅적하다"라고 표현하고 있다. 멋지다. "달달한 궁금과 안부로/ 촉촉이 젖은" 비가 "한줌의 생각과 즐거움 끌어올리는/ 환희에 홍얼"거려 발랄하게 다가온다. 그 발랄한 느낌들이 "물소리 합주곡/ 무대에 한창"임을 알게 한다. 내리는 비로 인해 "흐르는 자세가 길이 된다는/ 물길 만들어 놓은/ 도랑물"을 낳고 그 도랑물은 다시 바다로 간다. 어찌 보면 지상의 모든 처음은 비에서 시작했다. 비의 달달한 궁금과 안부에서 모든 것은 출발했다. 정오의 바깥으로 소리와 얼굴 내밀며 시끌벅적한 곳, 풀벌레와 새소리와 물소리가 합주곡 무대를 이루는 곳, 생각과 즐거움 끌어올리는 환희에 젖어 홍얼거리는 곳, 도랑물이 물길 만들며 힘차면서도 조용히 흐르는 곳, 또랑물이 쫄쫄 소리 내며 주위의 시선을 모으는 곳, 골짜기에서는 물의 걸음들이 하얀 속치마 둘러쓰고 뛰어내리는 곳, 나리꽃들이 님의 향기 맘껏 마시며 좋아하는 곳, 해님이 한쪽 다리 걸치고 숲의 노래 부르는 곳 등으로 묘사되고 있는 숲이 정겹고도 아름답다. 자연 예찬이 곧 인생 예찬이 되고 있는 듯하다. 미적 가치의 그릇에 모인 감성들과 시선들이 모두 시의 특질을 돋보이게 해주고 있어, 고개가 끄덕여진다. 왜 시가 이 땅에 존재해야 하는지를 여실히 보여주고 있는 듯하다. 이처럼 다채로운 감성들이 시 속에서 꽃피어나기를 기도해 본다.

    주룩주룩 할 말이 많다는 듯
    비 내려 질퍽한 황톳길

    오르막과 내리막 사이에서도
    궤도를 이탈해 본 적 없는
    맨발로 걷는다
    작은 떡볶이 같은
    발가락 사이로
    흙이 뾰록뾰록 올라온다

    요즘 대세가 되어 버린
    맨발 걷기
    말랑거리는 땅의 생각이 쫄깃해
    인절미 같은 황토 위는
    젖가슴처럼 부드럽고
    점자책처럼 꾹꾹 찍혀 있는
    울퉁불퉁 돌 섞인 길
    심장이 상큼하게 뛴다

    죽은 사람도 소환하여

그리움의 화법으로 수정해
사랑의 첫자리와 말투 찍어내는
AI시대
흙 밟을 기회 없어
일부러 흙길 가야 하는
시대를 거꾸로 거슬러 가는
운동

땅 위에 집 짓고 사는 우리는
닿을 수 없는 속도에 떠밀린
저녁의 둘레길에서
지금 어디로 가고
무엇을 꿈꾸고 있을까.

-「흙길 걷다」전문

 시적 화자는 황톳길을 걸으며 느껴오는 감회를 펼쳐놓고 있다. 산행을 하다 보면 맨발로 흙길 걷는 모습을 자주 목격한다. 흙을 가까이한다는 것은 무슨 의미일까. AI시대가 열린 것에 대한 반항일까. 사람은 자연에서 멀어지면 안 된다는 자각일까. 사람의 처음도 흙이요 사람의 마지막도 흙인데 우리는 언젠가부터 흙에서 멀어지며 살아가고 있다. 흙의 심장을 갖고 태어났는데도 우리는 대자연을 존중하지 않는다. 시적 화자는 맨발로 황톳길을 걸으며 발가락 사이로 흙이 올라오는 느낌을 받으며 행복해

한다. 소중한 흙과 하나되는 느낌을 받은 것이다. 그러면서 화자는 우리에게 "닿을 수 없는 속도에 떠밀린/ 저녁의 둘레길에서/ 지금 어디로 가고/ 무엇을 꿈꾸고 있"는가를 묻고 있다. 깊이 고민해 볼 문제이다. 비 내려 질퍽한 길, 맨발로 걸을 때 발가락 사이로 흙이 뾰록뾰록 올라오는 길, 부드럽고 울퉁불퉁 돌 섞인 길, 시대를 거꾸로 거슬러 가게 하는 길, 속도 시대에서 벗어나 무언가 꿈꾸는 길, 이 길이 바로 시적 화자가 걷고 있는 황톳길이다. 최첨단 시대를 살아가는 현대인들에게 잠시 휴식의 시간을 안겨주고, 다정하고 섬세한 감성들을 만나게 해주는 황톳길 산책, 바삐 돌아가는 정보 사회에서 잠깐이나마 사색 방울을 맛볼 수 있는 둘레길 산책, 그리움의 화법도 만나고 사랑의 첫자리와 말투도 맛보고, 말랑거리는 땅의 생각과 대화도 나누며 거니는 산책이 필요한 현대인. 하던 일 멈추고 삶의 방향, 삶의 가치, 삶의 목적, 삶의 향기 등을 묵상하게 해주는 시라서, 미소 짓게 된다. 이 미소가 오늘따라 소중하게 느껴진다.

    결별에 대해 다급히 연습하는
    계절의 무게 견디지 못해
    나뭇잎 하나 비틀거리며
    가슴 위로 툭 떨어져
    나뒹군다

고독과 상실에 길들여진
불면의 밤을 재촉해
다른 곳에 있는
쓸쓸함까지
바람이 데리고 와

달빛 밟고 건너는
외로움 하나 올리고
가을볕 묻혀 오는
그리움 하나 올리고
그 위에 사랑 하나 올린다

서두르지 않아도
매일매일 익어가는 시간의 방향에서
가을의 하모니
가을의 소리
가을의 리듬
가을의 언어 들으며
가을 안고 춤춰 본다

붉은 속엣말 흘리는
나뭇잎 사이로
고개 내민 푸른 창공이
손뼉 친다.

- 「가을 위를 걷다」 전문

이 시에서의 시적 화자는 가을 정경을 이미지로 그려내고 있다. 가을은 독서의 계절이라고 한다. 독서는 사색을 겸하고 있기에 그만큼 가을이 되면 사람들은 센치해진다. "결별에 대해 다급히 연습하는/ 계절의 무게 견디지 못해"서일까. 가슴 위로 툭 떨어지는 나뭇잎에 심장이 쿵, 한다. 우리도 언젠가는 저 나뭇잎처럼 떨어질 텐데 무얼 하느라 그리 바삐 살았나 돌아보게 된다. 어떤 날은 "고독과 상실에 길들여진/ 불면의 밤을 재촉"하며 밤을 새기도 한다. 가을은 그렇게 삶의 뒤안길을 뒤돌아보게 한다. 만약 이런 가을이 없다면 우리는 방향도 속도도 없이 무조건 달렸을 것이다. 그러다가 먼먼 훗날 후회할 것이다. 한 번쯤은 아니 간혹 "달빛 밟고 건너는/ 외로움 하나 올리고" 적막의 강을 건너야 한다. 그래야 "가을볕 묻혀 오는/ 그리움 하나 올리"는 추억의 소중함을 안다. 가을은 "서두르지 않아도/ 매일매일 익어가는 시간의 방향에서" 우리에게 사색과 명상을 선물한다. 가을이면 사람들이 단풍을 보러 가는 이유도 붉은 속엣말 흘리는 단풍에게 귀기울이기 위해서이다. 결별에 대해 다급히 연습하는 계절, 나뭇잎 하나가 비틀거리며 가슴 위로 툭 떨어져 나뒹굴고, 쓸쓸함까지 바람이 데려와 지나가고, 외로움은 달빛 밟고 건너고, 가을볕 묻은 그리움과 사랑, 익어 가는 시간의 방향에서 만나는 가을의 하모니, 소리, 리듬, 언어, 붉은 속엣말, 나뭇잎 사이로 고개 내밀며 손뼉 치는 창공 등의 표현들이 감칠맛이 있다. 사물의 표현 하나 하나가 선명한 그림을 그려놓고 있어, 이미지로 꾸려진 시의 방에 온 것처럼 눈길이 즐겁다. 시가 가야 할 길을 미리 점검하고 치장해 놓은 듯하여, 마음이 흐뭇하다. 시가 왜 이미지 구현과 낯설게 하기를 지향해야 하는지를 알 것 같다.

절반의 빛과 절반의 어둠으로 빚어낸
지구의 70프로가 바다라 한다
섬과 그리움과 안부 건네는
비행기를 타고 5시간이 지나도
보이지 않는 육지

짠내 나는 숨으로 솟구치는
그 욕심이 많을까
오대양의 성스러움이
물의 끝자락에서 찰랑거린다

때론
억겁의 생을 서정적인 목소리로
철썩철썩 노래한다는
잔잔한 파도로는 성이 안 차
거친 파도 내몰아
부수고 엎어 지상 구석구석
점령해 버린다

클릭과 클릭 그 사이 어디쯤에서
해가 뜨고 달이 지는
우리의 삶 속에
함께 출렁이는
정보의 바다

온몸이 화살인 커서가 명중시키며
매일 매일 들어오는
수많은 줄기의 민물에
지느러미를
어느 쪽으로 틀어야 할지
고민도 하기 전에
비늘 한 쪽이 떨어져 나간다

대양의 바다
인생의 바다
참담과 비통이 산다는
바닥으로 추락하지 않기 위해
둘 다 키를 단단히 잡고
침몰하지 않는
항해사로 길들여 간다.

- 「바다」 전문

이 시에서의 시적 화자는 바다라는 정체를 시적으로 분석하고 있다. 우리나라는 삼 면이 바다라 늘 바다를 구독하며 살아간다. 파도소리로 바다의 행간을 읽으며 갯내음

가득한 어절들을 속독한다. 태풍이 몰아치는 날이면 포구에 묶인 배의 불안을 토닥여 준다. 포구의 멱살을 움켜잡는 태풍에 잠을 설치기도 하지만 태풍이 지나가면 언제 그랬냐는 듯 끌고 온 길은 삭제되고 일상은 눈을 뜬다. "억겁의 생을 서정적인 목소리로/ 철썩철썩 노래"하는 파도가 다시 바다를 노래한다. 짠내 나는 숨으로 솟구치는 바다, 성스러움이 물의 끝자락에서 찰랑거리는 바다, 억겁의 생을 서정적인 목소리로 철썩철썩 노래하는 바다, 거친 파도 내몰아 지상 구석구석 점령해 버리는 바다, 해 뜨고 달 지는 삶 속에 함께 출렁이는 정보의 바다, 수많은 줄기의 민물에 비늘 한 쪽이 떨어져 나가는 바다, 키를 단단히 잡고 침몰하지 않는 항해사로 길들여 가는 바다 등의 표현들이 신선하고 참신하다. 시적 화자는 이 시를 통해서 "인생의 바다/ 참담과 비통이 산다는/ 바닥으로 추락하지 않기 위해/ 둘 다 키를 단단히 잡고/ 침몰하지 않는/ 항해사"로 살아가자고 말하고 있다. 동시에 어떻게 하면 멋진 항해사로 살 수 있는지에 대한 질문도 던지고 있다. 이 시는 낯설게 하기, 즉 새롭게 사물을 해석하는 기법이 시의 특질에서 가장 밑거름이 되어 주고 있음을 볼 수 있다. 시가 이 땅에 끝까지 살아남기 위해, 지켜야 할 기본적인 기법이라 여겨진다. 이런 스타일의 시들이 많이 창작되어, 시집의 중추를 맡아 주기를 소망한다.

오전과 오후와 우리의 다정을 채집한
서녘 하늘
물들지도 않았는데
어찌 그리 서둘러
생의 귀가 재촉하는
황혼빛 그리려 할까

천진한 연두와 바람이 한 뼘씩 자라
푸른 들판에 아름다운 봄
여름 냇가에 미역 감던 소녀
가을의 코스모스 길 따라
짜고 매운 걸음의 중심 세우며
하이킹했고

화사한 흰빛의 내력 보탠다는
눈이 오면
왁자한 설경으로 먹고 산다는
썰매장과 눈사람 만들어
동네가 떠들썩하게
포근한 겨울 장식했지

다급하게 맨발로 끌려가는 슬픔과
힘든 일 있을 땐
개똥밭에 굴러도 이승이 좋다고
파이팅 외치며 깔깔대던 너와 나
아직도 생생한데

희망을 움켜쥐며 우화 꿈꾸었던
그 세월
그 추억
그 아름다움
다 녹여
별 되려 하다니

함께한 세상 뒤로하고
우걱우걱 갉아먹는 울음의 집,
그 꽃상여 타고 먼저 가려는 너
소중한 핑크빛 벗
다시 손잡고 푸른 세상
거닐 수 있길.

-「친구」전문

  시적 화자는 친구와의 추억을 향긋이 그려놓고 있다. 삶은 우정에 의해서 보다 풍성해진다. 우정이 인생에 있어서 가장 큰 행복과 보탬이 됨을 말한다. 그만큼 내 곁의 친구는 소중하다. 그 친구와의 인연이 오래 될수록 더 그렇다. 시적 화자의 친구는 "천진한 연두와 바람이 한 뼘씩 자라/ 푸른 들판에 아름다운 봄/ 여름 냇가에 미역 감던 소녀" 시절부터 함께했다. 그래서 더욱 친구에 대한 아픔이 깊다. 인생의 겨울로 접어들었다면 그나마 이해할 수 있는데 "오전과 오후와 우리의 다정을 채집한/ 서녘 하늘/ 물들지도 않았"기에 안타까운 것이다. 웰다잉이라는 말이 있지만 좋은 죽음이 어디 있을까. 그것도 아직 살 날이 창창한데 죽음을 눈앞에 두고 있으니 슬픈 것이다. 여름 냇가에서 미역 감던 추억, 가을 코스모스 길 따라 달렸던 하이킹, 왁자한 설경 먹고 사는 썰매장, 눈사람 만들어 장식한 포근한 동네의 겨울, 슬프고 힘들 때도 파이팅 외치며 깔깔대던 시절, 우화 꿈꾸었던 아름다움, 꽃상여 타고 먼저 가려는 핑크빛 벗, 우걱우걱 갉아먹는 울음의 집 등이 손에 잡힐 듯 선명히 그려져 있다. 인생을 내려다보니, 모두 다 그립고 아쉽고 애틋하고 소중한 추억들이다. 이제는 함께한 세상을 뒤로하고 친구가 떠나려는 순간, 갑자기 가슴이 울컥하고 슬픔이 와락 몰려온다. 감성의 세계, 감성의 변화, 감성의 느낌이 고스란히 전해지고 안겨 오는 시적 세계가 슬프고 아리다. 그 세계와 함께하는 삶, 슬프지만 결코 외롭지 않을 것 같다.

> 정오의 자세로 정좌한 한낮이
> 바람의 낚싯대 드리우면
> 공중의 입질로 뎅뎅 울리는 풍경 소리
>
> 그 한 생이 살고 있는 산자락
> 거기 웃고 있는 바람
> 소리도 없고 형체도 없다

지나온 억겁의 생과
현생의 설움이
무슨 할 말 있다는 듯
처마 밑으로 밀려들자
오후의 비늘 반짝이며 유영하는 놋쇠 물고기
온몸으로 토해내지만
떨쳐지지 않는
그리움

낮과 밤과 보고픔의 배경 되어준
허공에 마음 걸어 놓고
갈 길 그려 보지만

푸르름과 아찔한 높이 답습하는
창공에 걸린 나뭇가지가
모두 내 집이라며
새들이 쫑알거린다

고요하게 써내려간 노을 법문 읽으며
바위 위에 앉은 바람은
소슬조차 보내지 않고
찬 기운 서린 그곳에
토해낸 저 붉은 동백꽃
황토방 아랫목 같은
꽃자리 되었다.

- 「산사의 울림」 전문

이 시에서의 시적 화자는 산사의 정경을 고요히 그려내고 있다. 산사에서 듣는 풍경 소리는 번잡한 마음을 어루만지며 괜찮다, 괜찮다 위로해 준다. "억겁의 생과/ 현생의 설움이/ 무슨 할 말 있다는 듯" 달려오면 바람은 놋쇠 물고기 몸을 빌려 그 속내를 꺼내놓는다. 절마당에 서서 가만히 눈을 감으면 끌고 오느라 애가 탔던 울음들이 잠잠해진다. "고요하게 써내려간 노을 법문 읽으며/ 바위 위에 앉은 바람" 한 자락이 비우고 내려놓으라며 발목을 휘감는다. 정오의 자세로 정좌한 한낮, 바람의 낚싯대 드리우면 공중의 입질로 뎅뎅 울리는 풍경 소리, 산자락에 웃고 잇는 바람, 처마 밑으로 밀려드는 설움, 오후의 비늘 반짝이며 유영하는 놋쇠 물고기, 허공에 마음 걸어놓고 갈길 그려보는 그리움, 창공에 걸린 나뭇가지가 자기 집이라고 쫑알거리는 새들, 노을 법문 읽고 있는 바위 위 바람, 찬 기운 서린 곳에 토해내어 황토방 아랫목 같은 꽃자리 된 동백꽃 등등의 표현이 인상적이다. 표현들이 모두 상큼하다. 신선한 표현과 발견은 시의 특질이 늘 바라는 바이다. 시가 독자들에게 멀어지지 않고, 늘 가까이 있기를 바란다면, 이런 상큼하고 싱그러운 표현들을 시의 식탁 위에 차려놓아야 한다. 시의 상징과 낯설게 하기로 수준 높은 시를 창작할지라도, 상큼하고 싱그럽고 참신하고 선명한 이미지의 시들이 텃자리를 만들어 뒷받침 되어야,

좋은 시가 되리라 믿는다.

    요리조리 빠져나가는 생의 숨은 각도에도
    절실한 방향이 있어
    웃음과 울음의 밧줄 잡고
    감정의 바다에서
    파도 타기 하는 것

    얼굴이 뭉개진
    비명과 웅웅거림이 비릿하게 녹아드는
    상심의 골짜기에 빠지면
    풀뿌리 붙잡고
    오르는 것

    고요한 저녁이 어긋나며 추락해
    불안의 깊이가 아찔한
    캄캄한 어둠에 갇혀도
    별 달 해 찾아온다 믿고
    희망 잃지 않는 것

    어차피 비극과 희극으로 늙어가기에
    미래는 어떨까 생각보다는
    생생한 그림 자세히 그려놓고
    찰나 점검하는 것

    아득할수록 명확한 불꽃의 씨앗 심는

캔들 차트처럼
파란불 빨간불 신호에
애간장 태우며
그래프 그려 가는 것.

-「산다는 건」전문

　이 시에서의 시적 화자는 삶에 대해 진지한 눈길을 보내고 있다. 산다는 게 무엇인지 그 질문에 대해 명쾌한 대답을 한다는 게 꽤나 어렵다. 시적 화자는 그 질문에 대해 곰곰이 생각해 보았을 것이다. 먼저 화자는 감정의 바다에서 파도 타기 하는 것이라고 말한다. 맞다. 파도를 타다가 깊은 바다에 빠지면 안 된다. 중심을 잘 잡아야 한다. 그러기 위해서 중심 잡기 위한 절실한 방향은 무엇일까. 독자에게 질문을 던지며 시의 문을 열고 있다. 웃음과 울음의 밧줄 잡고 감정의 바다에서 파도 타기 하는 것, 상심의 골짜기에서 풀뿌리 붙잡고 오르는 것, 캄캄한 어둠에 갇혀도 희망 잃지 않는 것, 생생한 그림 그려놓고 찰나 점검하는 것, 캔들 차트처럼 신호등 불빛에 애간장 태우며 그래프 그려 가는 것이라고 말하고 있다. 캔들 차트의 원래 뜻을 이렇다. 주가 차트는 일반적인 선 그래프가 아니라 봉 모양이 서로 연결되어 있어, 이를 캔들 차트라고 한다. 그 그래프의 모습이 양초를 닮아서 붙여진 이름이다. 시적 화자는 "아득할수록 명확한 불꽃의 씨앗 심는/ 캔들 차트처럼/ 파란불 빨간불 신호에/ 애간장 태우며/ 그래프 그려"가는 것이 산다는 것이라고 마무리한다. 일희일비하며 살아가는 우리의 모습을 캔들 차트에 빗대어 에둘러 표현하고 있다. 이따금 밀려오는 삶에 대한 궁금증을 해소시켜 주고 있어, 마음이 진정되고 있다. 인생의 방향 잃고 헤맬 때, 짙은 허무에 빠질 때, 삶의 방향과 가치를 바로잡고 나아갈 수만 있다면, 얼마나 좋을까. 시 속에서 잠시 위로를 받고 행복의 길로 들어설 수 있다면, 시는 은은한 미소를 보내줄 것이다. 시가 있어 좋은 세상, 시로 인하여 순수를 되찾는 세상, 시에 의해 정화되는 세상이 되었으면 좋겠다.

시의 존재 이유는 뭘까. 그건 무엇보다도 인류에 유익한 장르이기 때문이다. 어떤 점이 유익할까. 시는 인간의 감성을 미적 가치에 담기 위해 최선을 다한다. 인간의 감성을 추하게보다는 아름답게, 악하게보다는 향긋하게, 거칠게보다는 부드럽게 만들어 주고, 그 방향으로 나아가도록 안내 역할을 담당해 준다. 무엇보다도 다채로운 감성의 세계를 소개해 주고, 안내하고, 만나게 해준다. 그리하여 섬세한 감성과 대화할 수 있게 해주고, 처음 만난 감성과도 친밀히 포옹할 수 있도록 해준다. 이를 위해 시는 신선한 표현, 싱그러운 표현, 상큼한 표현을 즐겨 쓴다. 이를 위해 사물에 대한 새로운 해석, 즉 낯설게 하기 기법을 자리에 깔고 시적 형상화를 이뤄 놓는다. 특히 이미지 구현을 통해, 어느 누구라도 만나 느낄 수 있고 볼 수 있고 만져 볼 수 있는 그림을 그려놓는다. 이 그림을 떠받치기 위해, 상징, 은유, 직유, 제유, 환유, 아이러니, 패러독스 등의 다양한 표현기법들을 밑바탕에 깔아둔다. 여기에 사색의 공간, 감동의 전율을 깔아두어, 시를 읽고 난 후에 다가오는 긴 여운을 선물해 준다. 그를 통해, 인생을 다시 한 번 내려다보고, 긍정의 힘, 깨달음의 길, 가치 있는 삶의 방향을 찾아내어, 새 인생을 시작하게 해준다. 이게 시가 이 땅에서 지금까지 사라지지 않고, 독자들에게 사랑받고 있는 이유이다.

　이서현의 시들은 이러한 시의 특질을 잘 구비하고 있어, 눈길을 끈다. 특히 이미지 구현의 묘미를 만날 수 있어 경이롭다. 시 한 편 한 편 모두 이미지의 선명한 구현을 통해 시가 모두 빛을 발하게 하고 있다. 무엇보다도 사물에 대한 새로운 해석, 톡톡 튀는 표현, 상큼한 시어 배치, 함께 어우러지는 상징의 파문, 읽고 나면 등줄기로 흐르는 감동의 전율, 사색의 오솔길을 걸을 때 느껴지는 깨달음 방울 등이 압권이다. 이렇게 시의 특질과 가까운 시들과 산책하는 시간은 우리 독자들을 행복하게 한다.

　앞으로 시의 특질을 고루 갖춘 시들을 모아, 제2, 제3 시집을 펴낸 뒤, 언젠가 알뜰한 작품들만 모아 이서현 시선집으로 열매를 거두길 소망해 본다. 부디, 여생 동안 창작의 붓을 소중히 여기는 시인으로서, 활기차게 시 창작 활동을 펼쳐 나가길 바란다.

- 벚꽃과 개나리가 흐드러지게 피어나는 봄날에
한실문예창작 지도 교수 박덕은
(문학박사, 문학평론가, 전 전남대학교 교수,
시인, 소설, 동화작가, 화가, 박덕은 미술관 관장,
광주시민사회단체(523개)총연합회대표회장,
대한민국시문학협회 회장, 노벨재단 이사장)